ORDONNANCE DU ROY,

Pour la Levée de Vingt-trois mille quatre cens hommes de Milice dans les Provinces du Royaume, qui feront divifez en Trente-neuf Bataillons de fix cens hommes chacun.

Du 15. Janvier 1719.

A PARIS,

DE L'IMPRIMERIE ROYALE.

M. DCCXIX.

ORDONNANCE DU ROY,

Pour la Levée de Vingt-trois mille quatre cens hommes de Milice dans les Provinces du Royaume, qui seront divisez en Trente-neuf Bataillons de six cens hommes chacun.

Du 15. Janvier 1719.

DE PAR LE ROY.

SA MAJESTE' à son avenement à la Couronne, avoit esté obligée, pour ménager les Finances, & pourvoir à ce que la subsistance des Troupes soit regulierement payée, de diminuer le nombre de celles que le feu Roy son Bisayeul avoit jugé à propos de conserver aprés la Paix de Bade, Et de se reduire à un nombre de Troupes moindre que celuy qui avoit esté conservé aux Paix precedentes, ne laissant sur pied que ce

A ij

qui eſtoit indiſpenſablement neceſſaire pour la garde des Places & la ſeureté des Frontieres; Mais la ſituation preſente obligeant Sa Majeſté de mettre une partie de ſes Troupes en Campagne, Elle a crû que pour éviter la dépenſe des nouvelles levées, il convenoit de mettre ſur pied Trente-neuf Bataillons de Milice, ſuivant ce qui s'eſtoit pratiqué dans la Guerre terminée par la Paix de Riſwick, perſuadée que la Levée s'en fera plus aiſement lorſque les Soldats ſeront informez qu'ils ne ſont deſtinez que pour la garde des Places pendant la Campagne, qu'ils retourneront dans leurs Parroiſſes pendant l'hyver, & qu'ils ſeront commandez par des Officiers reformez de leur meſme Province. Ces conſiderations ont determiné SA MAJESTÉ, de l'avis de Monſieur le Duc d'Orleans Regent a ordonner.

ARTICLE PREMIER.

QUE chaque Bataillon ſera compoſé de dix Compagnies de ſoixante hommes chacune, commandées par des Capitaines & Lieutenans reformez des meſmes Provinces, qui auront à leur teſte un Lieutenant-Colonel auſſi reformé d'Infanterie pour commander leſdits Bataillons, leſquels ſeront employez à la garde des Places Frontieres, afin d'en pouvoir tirer les Troupes de Campagne qui ſeront deſtinées à ſervir dans les Armées.

II.

QUE les Gouverneurs & Lieutenans Generaux en ſes Provinces, Et les Intendans des Generalitez & Provinces Frontieres à qui la preſente Ordonnance ſera adreſſée, s'employeront inceſſamment à ce qui eſt à faire pour la Levée deſdites Milices, en conformité de l'Eſtat qui ſera joint à la preſente pour les informer du nombre de Compagnies & de Bataillons que Sa Majeſté veut eſtre levez dans l'Eſtenduë de chaque Generalité, ils s'appliqueront à regler les Parroiſſes qui devront fournir les Soldats de

Milice

Milice qui compoſeront les Compagnies.

III.

L E D I T Eſtat contenant le nombre d'hommes que Sa Majeſté demande de leurs départemens ; eſt moindre en chaque Generalité que celuy des Parroiſſes qui la compoſent, ce qui a eſté ainſi ordonné afin que les Villages moins forts puiſſent eſtre exempts d'en fournir ; Et ils informeront Sa Majeſté de ceux qui en auront eſté dechargez, en luy envoyant des Eſtats des ſoixante Villes ou Villages qui ſeront les plus a portée les uns des autres pour fournir les ſoixante hommes qui devront compoſer une meſme Compagnie, afin que quand on voudra l'aſſembler ils puiſſent ſe rendre dans le lieu qui ſera choiſi pour cette fin, ſans eſtre obligez de découcher, ou qu'ils ne découchent au plus qu'une nuit pour s'y rendre.

IV.

PERMET néantmoins Sa Majeſté aux Intendans, d'en faire fournir tel nombre qu'ils jugeront à propos dans les Villes & Parroiſſes conſiderables, & dans leſquelles il y a un grand nombre de garçons propres à porter les Armes ; ce qui donnera le moyen de conſerver la proportion & de ſoulager les Parroiſſes qui ne ſeront point en eſtat d'en fournir.

V.

LES Intendans ayant ainſi reglé les Parroiſſes qui devront fournir les Soldats, ils informeront les Gouverneurs des Provinces où la Generalité s'eſtend, du nombre de Compagnies qui devront eſtre miſes ſur pied dans leurs Gouvernemens, Et en leur abſence les Lieutenans Generaux pour Sa Majeſté eſdits Gouvernemens, afin qu'ils tiennent la main à la levée des Soldats deſdites Compagnies, Et à ce qu'ils ſoient receûs & logez dans les Villes & lieux qui ſeront choiſis pour les aſſembler, & qu'ils y vivent en bonne diſcipline & police.

B

VI.

LESDITS Intendans avertiront les Maires, Efchevins, Confuls, Syndics ou Marguilliers de chacune des Parroiffes qui auront à fournir des hommes, afin que le Dimanche fuivant, à la fortie de la grande Meffe & en la forme qui fe pratique pour les affaires communes, ils nomment tous les hommes non mariez de la Parroiffe, qui feront au moins de l'âge de vingt ans, & point plus âgez que quarante, de la taille au moins de cinq pieds de hauteur & en eftat de bien fervir, lefquels hommes ils feront tenus de choifir dans leur Communauté, fans qu'il leur foit loifible d'en prendre d'eftranger, ni de faire aucune dépenfe à l'occafion de la nomination & choix de celuy ou de ceux qui devront fervir.

VII.

S'IL ne fe trouvoit pas dans lefdites Parroiffes un nombre de garçons fuffifant, l'Intention de Sa Majefté eft qu'à leur deffaut il foit choifi de jeunes hommes mariez de l'âge & qualité cy-deffus prefcrite.

VIII.

LORSQUE le choix defdits hommes fera fait, ils feront affemblez au jour & à l'heure qui leur fera indiquée par les Intendans, pour les faire tirer au fort en leur prefence ou de ceux qui feront par eux commis, Et ils donneront enfuite ordre aux garçons à qui il écherra de fervir dans lefdites Milices, de fe difpofer à fe rendre le jour qui leur fera prefcrit au lieu où s'affemblera la Compagnie dont ils devront eftre, Et cependant ils leur deffendront de s'abfenter de la Parroiffe pour plus d'un ou deux jours fans la permiffion du Maire ou Efchevin, Conful ou Syndic du lieu, à peine d'eftre feverement chaftiez.

IX.

LES garçons qui pour s'exempter de tirer avec les autres à la Milice s'abfenteront de leurs Parroiffes, où ceux qui aprés avoir efté nommez viendront à deferter, foit avant ou aprés le depart, ou qui auront fait des engagemens fimulez, feront arreftez & mis en prifon, d'où Sa Majefté a refolu de les faire paffer aux Colonies, Et les Officiers des Troupes qui auront donné lefdits engagemens feront caffez & privez de leurs Charges, Sa Majefté leur deffendant tres expreffement d'engager aucun defdits Soldats de Milice; fur les mefmes peines; Et les Parroiffes dont feront ceux qui auront deferté aprés leur nomination, feront obligées d'en envoyer d'autres en leur place.

X.

Si quelque Parroiffe prenoit un Eftranger, au lieu d'un homme du lieu, celuy qui fe feroit engagé fera mis en prifon, d'où Sa Majefté a refolu de le faire auffi paffer aux Colonies, Et la Parroiffe au lieu d'un homme en fourniroit trois.

XI.

CEUX qui feront nommez pour la Milice, ne feront engagez que pour la Campagne & jufques au retour du Bataillon l'hyver d'aprés dans la Province. Voulant Sa Majefté que les Peres defdits garçons foient exempts de la Taille pendant l'année de leur Service, fi leur cotte eft au-deffous de vingt livres, Et en cas qu'elle foit plus forte, qu'ils payent feulement l'excedent.

XII.

LES Gouverneurs ou Commandans des Provinces & les Intendans commettront dans chaque Election, outre ceux qui font ordinairement employez pour ces levées, quelques perfonnes parmi la Nobleffe & de ceux qui ont fervi, pour voir avec les Lieutenans-Colonels qui devront commander les Bataillons fi le choix des hommes fe fait avec égalité, & fi ceux que l'on propofe font fuffifamment bons pour fervir dans une Place.

B ij

XIII.

LE choix des hommes eſtant fait & partagé par Compagnie, on remettra au Capitaine un Controlle du nombre des Soldats qui la compoſeront, où il ſera porté, un tel, d'une telle Parroiſſe, de tel âge, de telle taille; lequel Controlle ſera fait double, dont l'un ſera remis au Capitaine, ſigné de ceux qui auront eſté employez à la levée de ſa Compagnie, Et l'autre que le Capitaine ſiſignera, par lequel il declarera que tel nombre d'hommes luy a eſté fourni.

XIV.

APRÉS que les hommes auront eſté choiſis en la maniere cy-deſſus expliquée, le Capitaine ſera obligé de les recevoir, Et il ne pourra donner congé aux Soldats que par la permiſſion du Commandant de la Province ou de l'Intendant: Si un Soldat vient à deſerter ou à mourir, il faut qu'il prenne des Certificats des lieux pour le juſtifier, & qu'il en informe l'Intendant poûr qu'il envoye un autre homme pour le remplacer, ſi le Bataillon dont il ſera ſe trouve à portée, & à ſon retour dans la Province il ſera obligé de rendre compte de ceux qui luy manqueront, & s'il en eſt reſté de malades dans les Hoſpitaux il en rapportera des Certificats.

XV.

L'ASSEMBLÉE de chaque Compagnie de Milice ſe fera dans le lieu que l'Intendant verra eſtre le plus convenable, qu'il propoſera à Sa Majeſté afin qu'Elle faſſe expedier les ordres pour recevoir & loger les Officiers & Soldats de ladite Compagnie, qui ſera compoſée d'un Capitaine, d'un Lieutenant, de deux Sergens, trois Caporaux, trois Anſpeſſades, cinquante-un Fuſilliers & un Tambour; Ces Officiers ſeront non ſeulement de la meſme Generalité, mais encore de la meſme Election autant que faire ſe pourra; Et au cas qu'il y ait trop d'Officiers

dans

dans la mesme Generalité ou Election; & que dans la prochaine il n'y en ait pas suffisamment, on y suppléera par celle qui en sera la plus prés & qui en aura de trop.

XVI.

SA MAJESTÉ nommera incessamment les Officiers dont Elle aura fait choix pour servir dans les Bataillons de Milice, en leur marquant la Generalité où ils sont destinez; Et du moment que la repartition des Compagnies par Election sera faite on leur marquera precisement le lieu de l'assemblée de leur Compagnie, & le temps qu'il faudra qu'ils s'y rendent.

XVII.

LORSQU'UNE Compagnie se trouvera assemblée, le Capitaine en fera une reveüe pour bien examiner & connoistre les Soldats qui la composeront; Il choisira entre ceux qui auront déja servi, les deux qu'il croira les plus capables pour estre Sergens, & les fera reconnoistre à ladite Compagnie en ladite qualité; Il choisira aussi les six Soldats qu'il croira les plus propres pour estre Caporaux & Anspessades, & un pour estre Tambour de ladite Compagnie.

XVIII.

L'ESTAT Major de ces dix Compagnies sera composé d'un Lieutenant-Colonel reformé, qui sera choisi entre ceux qui ont le plus de service, d'un Major & d'un Ay-de-Major qui ayent déja rang de Capitaines, & qui ayent servi en cette qualité, autant que faire se pourra.

XIX.

SA MAJESTÉ veut bien se charger de la subsistance & de l'armement desdits Bataillons, mais Elle entend que les Parroisses fournissent leur habillement; Les Sergents auront un habit de drap, & les Soldats seulement un Surtout de gros coûtis, une culotte de mesme, le tout doublé, des guestres de toile, un chapeau, une paire de souliers, deux chemises avec deux cravattes, & un havrefac ; à l'effet dequoy toutes lefdites Parroiffes remettront entre les mains de la perfonne commife par l'Intendant la fomme de Vingt-cinq livres pour eftre employée à l'Equipement de chaque Sergent & Soldat, laquelle fomme fera payée par les Habitans au fol la livre de la Taille, & prife par preferance à toutes impofitions.

XX.

LES Compagnies feront payées des fonds de l'Extraordinaire des Guerres, du jour de l'affemblée de la Compagnie dans le lieu qui leur aura efté marqué, pour aller de là joindre le corps du Bataillon, dans les Generalitez feulement; Et à l'égard des Pays d'Eftat, du jour qu'ils fortiront de la Province; Sçavoir, le Capitaine à raifon de cinquante fols par jour, le Lieutenant de vingt fols, le Sergeut de dix fols, le Caporal fept fols fix deniers, l'Anfpeffade fix fols fix deniers, le Soldat cinq fols fix deniers & le Tambour fept fols fix deniers, fur lefquels il fera retenu fix deniers pour fervir à la chauffure & petit entretien du Soldat & reparations de fes Armes, au cas qu'elles déperiffent par fa faute; Et avant le départ defdits Bataillons de Milice du lieu où ils auront efté en Garnifon, les Capitaines feront tenus de faire en prefence du Commiffaire le Decompte à chaque Soldat des fix deniers de retenuë, & d'en rapporter un Certificat à l'Intendant de la Province dans laquelle ledit Bataillon aura efté levé, à peine d'eftre obligé de payer en entier le montant de ladite fomme.

XXI.

A l'égard de l'Eftat Major, le Lieutenant-Colonel outre fa paye de Capitaine, recevra en ladite qualité quarante fols par jour, le Major Trois livres fix fols huit deniers & l'Ayde-Major Trois livres.

XXII.

SA MAJESTÉ a bien voulu accorder à ces Bataillons, lorfqu'ils marcheront, la mefme augmentation de

folde qu'aux vieilles Troupes; Et lefdits Bataillons n'ef-
tant pas comme elles pourvûs de Pots & de Marmites,
l'Intention de Sa Majefté eft qu'il leur foit fourni par les
hoftes chez qui ils feront logez dans leurs routes, des
Pots & des Marmites pour cuire leur viande.

XXIII.

QUAND lefdits Bataillons feront retournez dans les
Provinces & les Soldats renvoyez chez eux, les Officiers de ces Bataillons y recevront durant l'hyver la mefme paye de leur reforme, qu'ils ont touché jufques au-
jourd'huy pour toute l'année.

XXIV.

LES Bataillons marcheront entr'eux fuivant l'ancienneté du Regiment d'où aura efté le Lieutenant-Colonel
qui fera à leur tefte; Les Capitaines des Regimens au-
jourd'huy en pied marcheront entre eux par ancienneté
de Regiment, enfuite ceux des Regimens confervez à la
Paix de Rifwick & reformez à la Paix de Bade; Et pour
ceux de nouvelle levée ils marcheront entr'eux fuivant
l'ancienneté de leurs Commiffions, il en fera ufé de
mefme pour les Lieutenans.

XXV.

LES Lieutenans-Colonels & les Majors feront obligez
d'avoir un Controlle General fignalé de tous les Soldats
du Bataillon, Et les Majors en arrivant dans les Places
où ils devront eftre en Garnifon, en donneront un double aux Commiffaires des Guerres, qui feront toutes leurs
Revües par appel conformement aufdits Controlles; Et
lorfqu'ils remarqueront quelque difference, ils en informeront l'Intendant de la Province dont fera le Bataillon.

XXVI.

SI l'on eft obligé de donner quelque Congé à des
Soldats pour s'abfenter, il fera figné du Lieutenant-Co-
lonel, du Major, du Capitaine & du Commiffaire des
Guerres.

XXVII.

SA MAJESTÉ donnera ſes ordres pour qu'il ſoit fourni pour l'armement de chaque Soldat, un fuſil & une bayonnette, leſquelles ils remettront à la fin de la Campagne dans les Magaſins où il leur ſera ordonné; Et les Commandans & Majors des Bataillons demeureront reſponſables du déperiſſement deſdites Armes, ſi elles ne ſont pas rendües en bon eſtat.

XXVIII.

COMME par le Reglement du 4. Fevrier 1716. les Parroiſſes ſujettes au Guet & à la Garde des Coſtes, ſont exemptes de fournir des hommes pour la Milice de Terre, l'Intention de Sa Majeſté eſt que leſdites Parroiſſes ne ſoient point compriſes dans la preſente Levée.

MANDE & Ordonne Sa Majeſté aux Gouverneurs & ſes Lieutenans Generaux en ſes Provinces, & auſdits Intendans de s'employer chacun à ſon égard & ſelon qu'il leur eſt preſcrit & ordonné par la preſente à ſon entiere execution: Ordonne auſſi Sa Majeſté aux Gouverneurs de ſes Villes & Places, & à tous Baillifs, Seneſchaux, Prevoſts, Juges, leurs Lieutenans & autres ſes Officiers qu'il appartiendra, de tenir la main à ladite Execution. FAIT à Paris le quinziéme jour de Janvier mil ſept cens dix-neuf. *Signé* LOUIS. *Et plus bas,* LE BLANC.

ESTAT

ESTAT des Compagnies de Milices de Soixante hommes chacune, que le Roy fait lever dans les Provinces & Generalitez de son Royaume, pour en composer Trente-neuf Bataillons de dix Compagnies chacun, conformement à son Ordonnance du 15. du present mois.

PREMIEREMENT dans la Generalité de Paris, Vingt-huit Compagnies, faisant Seize cens quatre-vingt hommes, dont il sera composé deux Bataillons de dix Compagnies chacun.

Un desdits Bataillons ira en Garnison . . à Lille.

Et l'autre . . . . à Charlemont & Givet.

Les huit Compagnies restantes seront jointes à une Compagnie de la Generalité d'Amiens, & à une autre de la Generalité de Soissons, pour en composer aussi un Bataillon de dix Compagnies, qui sera envoyé . . à Mezieres.

Dans la Generalité d'Amiens, Onze Compagnies, faisant Six cens soixante hommes, dont il sera composé un Bataillon de dix Compagnies, qui ira . . . . à Dunkerque.

La Compagnie restante sera jointe à huit Compagnies de la Generalité de Paris, & à une autre de la Generalité de Soissons, pour former aussi un Bataillon de dix Compagnies, qui sera envoyé . . . . . . à Mezieres.

Dans la Generalité de Soissons, Onze

Compagnies, faisant Six cens soixante hommes, dont il sera composé un Bataillon de
dix Compagnies, qui ira . . . . à Philippeville.

La Compagnie restante sera jointe à huit
Compagnies de la Generalité de Paris, & à
une autre de la Generalité d'Amiens, pour
former aussi un Bataillon de dix Compagnies, qui sera envoyé . . . . . . à Mezieres.

Dans la Generalité de Châlons, Vingt-
quatre Compagnies, faisant Quatorze cens
quarante hommes, dont il sera composé
deux Bataillons de dix Compagnies chacun.

Un desdits Bataillons ira . . . . à Metz.

Et l'autre . . . . à Sarreloüis.

Les quatre Compagnies restantes seront
jointes à six Compagnies de la Generalité
de Dijon, pour en composer aussi un Bataillon de dix Compagnies, qui sera envoyé . . . . à Thoul & Marsal.

Dans la Generalité de Dijon, Seize Compagnies, faisant Neuf cens soixante hommes, dont il sera composé un Bataillon de
dix Compagnies, qui ira . . . . à Strasbourg.

Les six Compagnies restantes seront jointes à quatre Compagnies de la Generalité
de Châlons, pour en composer aussi un
Bataillon de dix Compagnies, qui sera envoyé . . . . à Thoul & Marsal.

Dans la Generalité de Lyon, Huit Compagnies, faisant Quatre cens quatre-vingt hommes, qui seront jointes à deux Compagnies de la Province de Languedoc, pour en composer un Bataillon de dix Compagnies, qui ira . . . . à Beffort.

Dans la Province de Languedoc, Vingt-deux Compagnies, faisant Treize cens vingt hommes, dont il sera composé deux Bataillons de dix Compagnies chacun.

Un desdits Bataillons, ira . . à Bayonne.

Et l'autre . . . . à Verdun.

Les deux Compagnies restantes seront jointes aux huit Compagnies de la Generalité de Lyon, pour en composer aussi un Bataillon de dix Compagnies, qui sera envoyé . . . . à Beffort.

Dans la Generalité de Grenoble, Onze Compagnies, faisant Six cens soixante hommes, dont il sera composé un Bataillon de dix Compagnies, qui ira . . . . . . à Strasbourg.

La Compagnie restante sera jointe aux neuf Compagnies de la Provence, pour en composer aussi un Bataillon de dix Compagnies, qui sera envoyé . . . . . à Huningue.

En Provence, Neuf Compagnies, faisant Cinq cens quarante hommes, qui seront jointes à une Compagnie de la Generalité de Grenoble, pour en composer aussi un Bataillon de dix Compagnies, qui sera envoyé . . . . à Huningue.

Dans la Generalité de Montauban ; Quinze Compagnies, faisant Neuf cens hommes, dont il sera composé un Bataillon de dix Compagnies, qui ira . . . . . à Toulon.

Les cinq Compagnies restantes seront jointes à cinq Compagnies de la Generalité de Bordeaux, pour en former aussi un Bataillon de dix Compagnies, qui sera envoyé. . . . . à la Rochelle.

Dans la Generalité de Bordeaux, Quinze Compagnies, faisant Neuf cens hommes, dont il sera composé un Bataillon de dix Compagnies, qui ira. . . . . . . à Besançon.

Les cinq Compagnies restantes seront jointes à cinq Compagnies de la Generalité de Montauban, pour en former aussi un Bataillon de dix Compagnies, qui sera envoyé . . . . à la Rochelle.

Dans la Generalité de Riom, Dix Compagnies, faisant Six cens hommes, dont il sera composé un Bataillon, qui ira. . . . au neuf Brizack.

Dans la Generalité de Limoges ; Dix Compagnies, faisant Six cens hommes, dont il sera composé un Bataillon, qui ira . . . à Valenciennes.

Dans la Generalité de Moulins, Dix Compagnies, faisant Six cens hommes, dont il sera composé un Bataillon, qui ira . . à Maubeuge.

Dans la Generalité de Bourges ; Sept Compagnies, faisant Quatre cens vingt hommes, qui seront jointes à trois Com-

pagnies

pagnies de la Generalité d'Orleans, pour en former un Bataillon de dix Compagnies, qui sera envoyé . . . . à Condé;

Dans la Generalité d'Orleans, Treize Compagnies, faisant Sept cens quatre-vingt hommes, dont il sera composé un Bataillon de dix Compagnies, qui ira . . . . à Saint Omer.

Les trois Compagnies restantes seront jointes aux sept Compagnies de la Generalité de Bourges, pour en former aussi un Bataillon de dix Compagnies, qui sera envoyé . . . . à Condé.

Dans la Generalité de Poitiers, Dix Compagnies, faisant Six cens hommes, dont il sera composé un Bataillon, qui ira . . . . au Quesnoy.

Dans la Generalité de la Rochelle, Cinq Compagnies, faisant Trois cens hommes, qui seront jointes à cinq Compagnies de la Province de Bretagne, pour en former un Bataillon de dix Compagnies, qui sera envoyé . . . . à Arras;

Dans la Province de Bretagne, Vingt-cinq Compagnies, faisant Quinze cens hommes, dont il sera composé deux Bataillons de dix Compagnies chacun, qui iront, Sçavoir.

Un . . . . à Doüay & Fort de l'Escarpe.

Et l'autre . . . . à Valenciennes.

Les cinq Compagnies restantes seront jointes aux cinq Compagnies de la Generalité de la Rochelle, pour en former auſſi un Bataillon de dix Compagnies, qui ſera envoyé . . . . à Arras.

Dans la Generalité de Tours, Seize Compagnies, faiſant Neuf cens ſoixante hommes, dont il ſera compoſé un Bataillon de dix Compagnies, qui ira . . . . à Doüay & Fort de l'Eſcarpe.

Les ſix Compagnies reſtantes feront jointes à deux Compagnies de la Generalité de Caën, & à deux Compagnies de celle d'Alençon, pour en former auſſi un Bataillon de dix Compagnies, qui ſera envoyé . . . à Landrecy & Aveſnes.

Dans la Generalité de Caën, Douze Compagnies, faiſant Sept cens vingt hommes, dont il en ſera compoſé un Bataillon de dix Compagnies, qui ira . . . . . à Aire.

Les deux Compagnies reſtantes feront jointes à ſix Compagnies de la Generalité de Tours, & à deux de la Generalité d'Alençon, pour en former auſſi un Bataillon de dix Compagnies, qui ſera envoyé . . . . à Landrecy & Aveſnes.

Dans la Generalité d'Alençon, Douze Compagnies, faiſant Sept cens vingt hommes, dont il ſera compoſé un Bataillon de dix Compagnies, qui ira . . . . . . à Lille.

Les deux Compagnies reſtantes feront jointes à ſix Compagnies de la Generalité de Tours, Et à deux de la Generalité de Caën, pour en former auſſi un Bataillon de dix Compagnies, qui ſera envoyé . . . . à Landrecy & Aveſnes.

Dans la Generalité de Roüen , Vingt Compagnies, faifant Douze cens hommes, dont il fera compofé deux Bataillons de dix Compagnies chacun.

Un defdits Bataillons, ira . . . . . à Calais.

Et l'autre . . . . à Bethune.

Dans la Province d'Artois, Dix Compagnies, faifant Six cens hommes, dont il fera compofé un Bataillon, qui ira. . . . à Bergues.

Dans la Generalité de Mets, Dix Compagnies, faifant Six cens hommes , dont il fera formé un Bataillon, qui ira . . . . à Landau.

Dans le Comté de Bourgogne, Vingt-cinq Compagnies, faifant Quinze cens hommes, dont il fera compofé deux Bataillons de dix Compagnies chacun.

Un defdits Bataillons, ira . . . à Landau.

Et l'autre . . . . à Thionville.

Les cinq Compagnies reftantes feront jointes à cinq Compagnies de la Province d'Alface , pour en former auffi un Bataillon de dix Compagnies, qui fera envoyé . . à Sedan & Mommedy.

Dans la Province d'Alface, Quinze Compagnies, faifant Neuf cens hommes , dont il fera compofé un Bataillon de dix Compagnies, qui ira . . . . à Maubeuge.

Les cinq Compagnies reftantes feront jointes à cinq Compagnies de la Comté de

Bourgogne, pour en former auſſi un Batail-
lon de dix Compagnies, qui ſera envoyé . . . à Sedan & Mommedy.

Dans la haute & baſſe Flandres, Six Compagnies, faiſant Trois cens ſoixante hommes,
qui ſeront jointes à quatre Compagnies du
Haynault, pour en compoſer un Bataillon
de dix Compagnies, qui ſera envoyé . . . à Metz.

En Haynault, Quatre Compagnies, faiſant Deux cens quarante hommes, qui ſeront jointes à ſix Compagnies de la haute
& baſſe Flandres, pour en former un Bataillon de dix Compagnies, qui ſera envoyé . . à Metz.

FAIT à Paris le quinziéme jour de Janvier mil ſept cens
dix-neuf. *Signé* LOUIS. *Et plus bas ,* LE BLANC.

www.ingramcontent.com/pod-product-compliance
Lightning Source LLC
LaVergne TN
LVHW011504170726
843501LV00009B/3598